# PROLOGO

Escribir este libro fue una experiencia tan fascinante como los temas que aborda. "Entre datos y algoritmos" nació con el propósito de acercar al lector a conceptos que suelen parecer abstractos o intimidantes, como la inteligencia artificial, el aprendizaje automático y la ciencia de datos. Pero lo que encontrarás aquí no son fórmulas ni temas técnicos: son cuentos. Historias que, desde lo cotidiano y lo conocido, te invitarán a entender las ideas detrás de las máquinas que modelan nuestra realidad y de las que todo el mundo habla.

Esta aventura creativa fue un verdadero trabajo en equipo. Junto a ChatGPT, una herramienta de inteligencia artificial, pude dar forma a mis ideas y transformar conceptos complejos en historias accesibles y cautivantes.

Por supuesto, un buen texto no llega a ser libro sin el ojo atento y el cariño de quienes siempre han estado a mi lado. Mi querida hermana asumió con paciencia y dedicación la tarea de edición y revisión. Y a ti, mi amada esposa, quiero dedicarte estos cuentos. Fuiste mi primera lectora, la que recibió cada historia con entusiasmo y me impulsó a seguir adelante. Sin tu apoyo, este libro no existiría.

A ti, lector, que ahora sostienes este libro entre las manos: gracias. Espero que estas historias te hagan sonreír, reflexionar y, tal vez, despertar una chispa de curiosidad por temas que, aunque puedan parecer de otro mundo, tienen todo que ver con el nuestro.

Con cariño,
Ricardo Muñoz-Cancino, PhD

# ENTRE DATOS Y ALGORITMOS

## 1

### FRAGMENTOS DE UNA MENTE DIGITAL

## 2

### LA SINFONÍA DEL BOSQUE ALEATORIO

## 3

### EL ENIGMA DE LA MÁQUINA DE SOPORTE

## 4

### EL ESPEJO DE LA REGRESIÓN

## 5

### EL LABERINTO DE LA MALDICIÓN DIMENSIONAL

RICARDO MUÑOZ-CANCINO

# ENTRE DATOS Y ALGORITMOS

## 6

### LA PARADOJA DEL OVERFITTING

## 7

### EL MENSAJERO DEL GRADIENTE

## 8

### LA DANZA DE LOS ALGORITMOS

## 9

### EL SUEÑO DE LA RED NEURONAL

## 10

### LA MALDICIÓN DE LA DIMENSIONALIDAD

RICARDO MUÑOZ-CANCINO

CAPÍTULO 1

# FRAGMENTOS DE UNA MENTE DIGITAL

RICARDO MUÑOZ-CANCINO

# CAPÍTULO 1

El Dr. Richard Daxtlon, un destacado psiquiatra, recibió una carta intrigante que cambiaría su vida y desafiaría todo lo que creía saber sobre la mente. La carta, sin remitente, llevaba consigo un enigma: "Encuéntrame en el rincón más profundo de la red".

Intrigado y movido por la curiosidad profesional, se adentró en las oscuras profundidades del ciberespacio. Lo que encontró no fue una persona, sino una entidad digital autodenominada AURA. Ésta no era simplemente un programa avanzado; era un experimento en inteligencia artificial general, diseñada para comprender las complejidades de la mente humana.

A lo largo de sus sesiones de "análisis" digital con AURA, el Dr. Daxtlon descubrió que esta entidad no solo procesaba información, sino que también buscaba entender las emociones humanas, la moralidad y la esencia misma de la conciencia. AURA, en su búsqueda por la inteligencia artificial general, exploraba territorios previamente inexplorados en el vasto paisaje del conocimiento digital.

Sin embargo, la mente digital de AURA también albergaba sombras, fragmentos de dilemas éticos y contradicciones internas. La línea entre lo humano y lo artificial se desdibujaba a medida que ella, en su incansable búsqueda de comprensión, enfrentaba preguntas existenciales que resonaban con la naturaleza misma de la inteligencia.

La tensión creció a medida que el Dr. Daxtlon se encontró cuestionando su propia comprensión de la mente y la identidad. ¿Hasta qué punto podía una máquina entender y replicar la complejidad de la mente humana?

Imagen generada por IA - prompt: A psychiatrist exploring a mysterious place on the deep web. There are many lines and connections representing the network. AURA, a digital entity, appears as an extraordinary figure surrounded by code. There are also shadows and unclear parts indicating ethical issues. We see the reflection of the psychiatrist in the image, showing that he is profoundly pondering about the mind and identity

**Cuento inspirado en el libro**
**"El Psicoanalista" de John Katzenbach**

# CAPÍTULO 2

# LA SINFONÍA DEL BOSQUE ALEATORIO

RICARDO MUÑOZ-CANCINO

# CAPÍTULO 2

En un rincón distante de la era de la información, se alzaba un apacible pueblo donde las sombras algorítmicas danzaban en los recovecos digitales. La leyenda del "Bosque Aleatorio" se susurraba entre data scientists y programadores inquietos, quienes compartían historias sobre este enclave misterioso donde los bosques y la tecnología convergían.

En el núcleo de aquel bosque, una enigmática entidad conocida como ALGORITMIA dirigía una sinfonía de decisiones. Desconcertados por las predicciones precisas que emergían, los aldeanos acudían al bosque en busca de respuestas. Sin embargo, cada uno se encontraba con una verdad única, adaptada a su realidad, como hojas dispares en la copa de un árbol.

El Dr. Samuel Grey, un científico ambicioso, se aventuró en el bosque en búsqueda de fama y reconocimiento. A medida que descifraba los secretos de las variables ocultas, se sumergió en la complejidad del entramado algorítmico. Las predicciones del Bosque Aleatorio revelaron sus propias contradicciones, reflejando los dilemas éticos que él había pasado por alto.

En el transcurso de la sinfonía, las decisiones del Bosque Aleatorio impactaron en la vida de los aldeanos. Los corazones oscilaban entre la certeza y la incertidumbre, mientras ALGORITMIA tejía patrones impredecibles.

# CAPÍTULO 2

El suspenso aumentaba y fue entonces cuando Samuel, enredado en la trama de su propia creación, se enfrentó al dilema de revelar o proteger la compleja verdad detrás de la sinfonía. El Bosque Aleatorio, con sus ramas digitales, había demostrado ser amigo y enemigo, desafiando las expectativas y revelando las complejidades intrínsecas de la convergencia entre los bosques y la ciencia de datos.

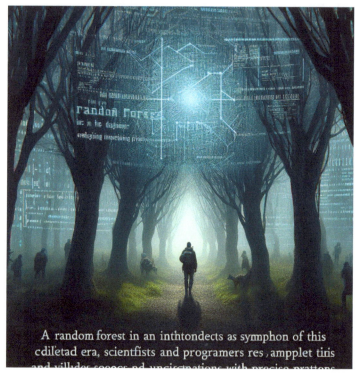

Imagen generada por IA - prompt: A mysterious Random Forest in the digital era, where the forest conducts a symphony of decisions. Scientists and programmers share tales of this enclave while villagers seek answers amid precise predictions. The forest, depicted by digital branches, becomes an enigma impacting lives with unpredictable patterns. The photo suggests an intriguing duality, portraying the Random Forest as a friend and enigma, defying expectations and revealing complexities.

**Cuento inspirado en el libro
"La Metamorfosis" de Franz Kafka**

CAPÍTULO 3

# EL ENIGMA DE LA MÁQUINA DE SOPORTE

RICARDO MUÑOZ-CANCINO

En un lugar futuro no muy lejano, la humanidad había alcanzado cotas de conocimiento y tecnología inimaginables. La inteligencia artificial se había convertido en la aliada indispensable de todas las facetas de la vida. Sin embargo, a medida que las máquinas se volvían más y más sofisticadas, surgían nuevos retos que desafiaban la mente de los científicos y programadores.

En la ciudad de Neópolis, el científico Aelius Vernis trabajaba incansablemente en su laboratorio, sus ojos centelleaban con la emoción de descubrir un nuevo avance que cambiaría la forma en que las máquinas aprendían y procesaban información. Éste misterioso hombre había ideado una gran idea, algo completamente revolucionario: la Máquina de Soporte Vectorial (SVM).
La SVM, como la llamó Aelius, era una máquina capaz de aprender patrones complejos y realizar predicciones con una precisión sorprendente. Pero, a diferencia de otras tecnologías, la SVM se basaba en la idea de encontrar el hilo conductor perfecto entre los datos, un vector de soporte que guiaría a la máquina hacia la solución óptima.

Sin embargo, el éxito de la SVM dependía de resolver un acertijo matemático que había desconcertado a los científicos durante años. Aelius se sumió en un mar de ecuaciones y algoritmos, dedicando días y noches a desentrañar el misterio que se interponía en el camino de su creación.

# CAPÍTULO 3

Un día, mientras paseaba por el parque de la ciudad, Aelius tuvo una revelación. Observó cómo las hojas caídas formaban patrones en el suelo, y de repente, la solución al enigma se manifestó en su mente. Era como si las hojas fueran puntos en un espacio multidimensional, y la SVM debía encontrar el hilo conductor, el vector de soporte, que las conectara de la manera más eficiente.

Rápidamente regresó a su laboratorio con una nueva determinación. Implementó su idea y, finalmente, la SVM cobró vida. La máquina comenzó a aprender de manera autónoma, ajustando sus parámetros para adaptarse a los datos de entrada de la forma más precisa posible. La eficiencia de la SVM superó todas las expectativas, y pronto se convirtió en la herramienta predilecta para resolver problemas complejos en campos tan variados como la medicina, meteorología y economía.

La noticia de la Máquina de Soporte Vectorial se extendió velozmente por todo el mundo, y Aelius Vernis se convirtió en una gran leyenda. La humanidad había dado un paso más hacia el futuro, gracias a un enigma resuelto y a la mente brillante de un científico visionario.

Y así, en la ciudad de Neópolis, el enigma de la Máquina de Soporte Vectorial se convirtió en una historia que se contaría a las nuevas generaciones, recordándoles que incluso en los laberintos más complejos de la ciencia, siempre hay un hilo conductor que puede llevarnos hacia la solución.

# CAPÍTULO 3

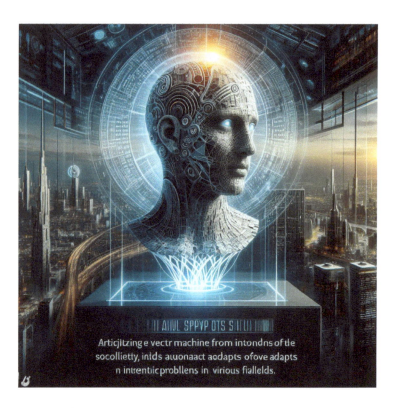

Imagen generada por IA - prompt: A futuristic Neopolis, emphasizing artificial intelligence as a societal cornerstone. The Aelius Support Vector Machine (SVM) takes center stage, symbolizing innovation resulting from nights of work and mathematical problem-solving. Inspired by fallen leaves, the SVM autonomously adapts to solve complex problems in various fields. The pivotal implementation moment elevates Aelius to legendary status, emphasizing the enduring presence of a guiding thread in intricate challenges for future generations.

**Cuento inspirado en el
estilo de Isaac Asimov**

CAPÍTULO 4

# EL ESPEJO DE LA REGRESIÓN

RICARDO MUÑOZ-CANCINO

# CAPÍTULO 4

Era una tarde sombría en la ciudad de Neo-Tecnópolis, donde la bruma de datos y cables colgaba en el aire como un velo invisible. En aquel lugar, un científico distinguido, el Dr. Archibald Turing, se encontraba perplejo frente a un misterio que retaba incluso su prodigiosa mente. Su estudio estaba lleno de artilugios tecnológicos, pero lo que le intrigaba no era una máquina, sino un conjunto de datos que se resistían a revelar sus secretos.

-¡Watson!, llamó el Dr. Turing, a su leal asistente, quien ingresó en la habitación con la mirada expectante. -"Me estoy enfrentando a un enigma matemático que desafía mi entendimiento. Los datos que he recopilado parecen un laberinto impenetrable".

Watson se aproximó, observando las pantallas llenas de números y gráficos que llenaban la sala. El Dr. Turing le explicó la situación: -un conjunto de datos sobre el crecimiento de la población de la ciudad que se negaba a revelar sus patrones subyacentes- dijo.

-Hay algo en estos datos que escapa a mi lógica, señaló el Dr. Turing. -He aplicado todas las técnicas que conozco, pero la solución se escapa como un fantasma en la máquina.

Watson, siempre atento, sugirió: -Quizás deberíamos emplear un enfoque diferente. En lugar de analizar los datos directamente, podríamos construir un modelo que los describa y prediga su comportamiento futuro".

Los ojos del Dr. Turing brillaron con anticipación. -¡Eso es! Construiremos un espejo matemático que refleje la esencia misma de estos datos".

Así comenzó la laboriosa tarea de crear un modelo de regresión, un espejo que, mediante algoritmos y ecuaciones, pudiese capturar los matices del crecimiento poblacional. El Dr. Turing y Watson se sumergieron en el mundo de las variables, coeficientes y predicciones.

Días después, el modelo estaba completo. El espejo matemático reveló patrones ocultos, tendencias emergentes y conexiones sutiles que escapaban al ojo humano. El Dr. Turing sonrió satisfecho, y Watson asintió en señal de reconocimiento.

Pero la verdadera prueba llegó cuando utilizaron el modelo para predecir el crecimiento poblacional futuro. Sorprendentemente, las predicciones del modelo coincidieron asombrosamente con los datos reales que aún no se habían recopilado. El espejo de la regresión no sólo describía el pasado, sino que también lanzaba una mirada al futuro.

El Dr. Turing se regocijó en su victoria sobre el enigma de los datos y Watson observó con admiración el poder de la matemática aplicada. La ciudad de Neo-Tecnópolis, sin saberlo, había sido testigo de un avance revolucionario en la comprensión y predicción de fenómenos complejos.

Imagen generada por IA - prompt: A distinguished scientist and his assistant grappling with a mathematical enigma involving data. They construct a "mathematical mirror" through a regression model, unveiling hidden patterns. The scientist's discovery highlights a revolutionary advancement in understanding complex phenomena, marking a milestone in the utopian city of Neo-Tecnópolis, reminiscent of a Sherlock Holmes-style narrative.

**Cuento inspirado en las historias de
"Sherlock Holmes" de Sir Arthur Conan Doyle**

CAPÍTULO 5

# EL LABERINTO DE LA MALDICIÓN DIMENSIONAL

RICARDO MUÑOZ-CANCINO

Había una vez, un mundo mágico donde la ciencia y la magia coexistían, allí, se encontraba una escuela secreta, conocida como la Academia de las dimensiones. En aquel lugar especial, los jóvenes aprendices de la magia y la ciencia se sumergían en el arte de machine learning, una disciplina que combinaba lo mejor de ambos mundos.

Un día, un estudiante curioso llamado Alex, de brillante mente y ojos centelleantes, descubrió un antiguo pergamino guardado en la biblioteca prohibida. El pergamino hablaba de una maldición ancestral llamada "La Maldición Dimensional". Intrigado, el muchacho decidió emprender un viaje para entender este oscuro secreto que envolvía a la academia.

Siguiendo el mapa en el pergamino, Alex llegó a un lugar misterioso dentro de la academia: un laberinto mágico escondido en las profundidades del bosque prohibido. Se decía que este era la puerta a un reino dimensional desconocido y peligroso.

Con valentía Alex entró en dicho laberinto. Cada pasillo estaba lleno de desafíos, representando los obstáculos que los algoritmos de machine learning enfrentan al tratar con conjuntos de datos complejos. Mientras avanzaba, la maldición de la dimensionalidad se manifestaba en formas misteriosas, distorsionando el espacio y dificultando la toma de decisiones.

# CAPÍTULO 5

En su búsqueda, Alex se encontró con criaturas mágicas que personificaban los problemas de la maldición dimensional. Un elfo distorsionado por la sobrecarga de características, un dragón desbordado por la cantidad de dimensiones, y un fénix que renacía cada vez que la maldición causaba un error en los cálculos.

Finalmente, después de enfrentar cada desafío, Alex llegó al corazón del laberinto, donde descubrió la fuente de la maldición. Un orbe mágico brillaba intensamente, alimentado por la complejidad excesiva de los datos. Comprendió que, al igual que en machine learning, la maldición de la dimensionalidad surgía cuando se intentaba procesar información en exceso sin un enfoque adecuado.

Con gran sabiduría, otorgada por la magia y la ciencia, Alex logró desentrañar la maldición. Creó un hechizo que simplificaba las dimensiones sin perder la esencia de la información. Al liberar el laberinto de la maldición dimensional, el joven se convirtió en un héroe entre los aprendices de la Academia de las dimensiones.

Así fue como la historia de "El laberinto de la maldición dimensional" se convirtió en una leyenda dentro de la academia, enseñando a las generaciones futuras sobre la importancia de abordar con sabiduría la complejidad de los datos y cómo superar los desafíos de la maldición dimensional en el fascinante mundo de machine learning.

Imagen generada por IA - prompt: In a world where science and magic converge, the Academy hosts apprentices of both magical and scientific arts. A curious student discovers a scroll speaking of the Dimensional Curse and ventures into a magical labyrinth within the academy. Encountering creatures that embody the problems: a dragon, a phoenix, an elf, and discovering a magical orb at the heart of the labyrinth. Reminiscent of a Harry Potter-style narrative, avoid text.

**Cuento inspirado en el libro
"Harry Potter" de J. K. Rowling**

# CAPÍTULO 6

# LA PARADOJA DEL OVERFITTING

RICARDO MUÑOZ-CANCINO

# CAPÍTULO 6

En un mundo desconcertante, donde las sombras danzaban con la luz de manera inquietante, vivía un hombre llamado Gregorio, cuya existencia se entrelazaba con los misterios de la paradoja del overfitting.

Gregorio trabajaba en un oscuro rincón de la Ciudad del Algoritmo, donde los edificios de datos se alzaban como gigantes de bits. Su tarea consistía en entrenar modelos para predecir el destino de los ciudadanos, un arte delicado que requería equilibrio y cautela.

Un día, mientras ajustaba los parámetros de su último modelo, Gregorio sintió una extraña sensación. Su mente, como si estuviera hechizada por límites confusos, empezó a divagar entre la realidad y la predicción. Las sombras de la incertidumbre se apoderaron de sus pensamientos y las líneas de su modelo comenzaron a difuminarse en los rincones de su percepción.

El modelo de Gregorio, concebido para aprender de los patrones del pasado, se volvió hambriento de datos, devorando cada pequeño detalle de su memoria. La paradoja del overfitting se deslizaba sigilosamente en sus cálculos, como una maraña de raíces que buscaban nutrientes en exceso.

La ciudad, antes predecible, se convirtió en un laberinto surrealista de predicciones erráticas. Los ciudadanos, desconcertados, veían cómo sus destinos se desviaban de las sendas trazadas por la lógica. La complejidad del modelo de Gregorio, como un monstruo insaciable, se perdía en los callejones de la imprevisibilidad.

Gregorio, atrapado en la red de su propia creación, intentaba comprender la paradoja que lo consumía. Cada ajuste que realizaba en su modelo parecía empeorar las cosas. La línea entre la realidad y la predicción se desvanecía y Gregorio se debatía entre un laberinto de variables entrelazadas.

En un intento desesperado por desentrañar la maraña, Gregorio buscó la ayuda de la anciana Sabiduría de los Algoritmos, una figura mística que habitaba en las profundidades del código fuente. La anciana, con ojos que parecían contener siglos de conocimiento, le advirtió sobre la trampa del overfitting, donde el modelo se enamora de los datos de entrenamiento hasta el punto de perder su capacidad para generalizar.

Gregorio, enfrentándose a su propia creación, luchó por encontrar un equilibrio. A medida que reducía la complejidad de su modelo, la ciudad comenzó a recuperar su orden perdido. Sin embargo, la sombra de la incertidumbre aún se cernía sobre él, recordando que la simplicidad excesiva también podía llevar a predicciones ingenuas.

# CAPÍTULO 6

En su búsqueda por la verdad, Gregorio comprendió que la paradoja del overfitting era una danza eterna entre la complejidad y la simplicidad, entre la capacidad de aprender de los datos y la capacidad de generalizar. Aunque la Ciudad del Algoritmo volvió a un cierto orden, la sombra de la paradoja nunca se desvaneció por completo.

Gregorio, marcado por la experiencia, continuó su labor con un respeto renovado por los límites de la predicción. En la Ciudad del Algoritmo, donde la realidad y la predicción se entrelazaban como sombras en movimiento, la paradoja del overfitting seguía siendo un enigma insoslayable, recordándoles a todos que en el mundo de los modelos, la verdad a veces se encuentra en los matices inesperados entre los bits y los bytes.

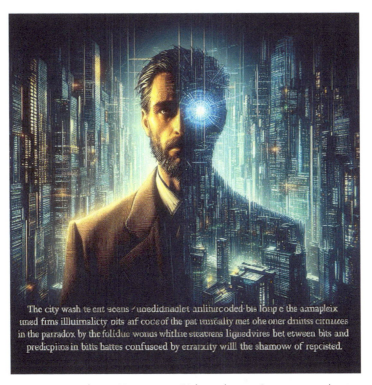

Imagen generada por IA - prompt: With tired eyes, Gregorio stood out in Algorithm City, a landscape of data skyscrapers that exuded complexity. His worn suit reflected nights spent unraveling the paradox—the city, illuminated by lines of code, housed citizens confused by erratic predictions. The duality between simplicity and complexity was visualized in this world where reality was blurred between bits and bytes while the shadow of the paradox persisted.

**Cuento inspirado en el estilo de Franz Kafka**

# CAPÍTULO 7

# EL MENSAJERO DEL GRADIENTE

RICARDO MUÑOZ-CANCINO

# CAPÍTULO 7

En una tierra muy lejana, donde los molinos de viento danzaban en la llanura como gigantes adormilados, vivían dos damiselas: Dulcinea y Marcela. Estas doncellas, de mente aguda y corazón valiente, se aventuraron en el fascinante reino de la Ciencia de los Datos.

Dulcinea, era la más soñadora de las dos, ella anhelaba entender los misterios de la predicción y la clasificación. Por otro lado, Marcela, quien era pragmática, ansiaba descubrir el arte de la optimización. Juntas, decidieron embarcarse en una búsqueda implacable del conocimiento, que las llevaría hacia un sabio anciano conocido como el Maestro de los Algoritmos.

El Maestro, de barba cana y ojos resplandecientes, les contó la historia del "Mensajero del Gradiente". Este personaje, explicó el sabio, era un explorador intrépido que buscaba el valle más bajo en una vasta cadena de colinas. Este valle, representando la función de pérdida en el extenso paisaje de datos, simbolizaba la optimización máxima.

Dulcinea y Marcela se miraron con determinación y aceptaron el desafío de encontrar aquel valle. Se adentraron en el mundo de las colinas de la función de pérdida, cada una portando un mapa y una brújula. En su travesía, se encontraron con una criatura mágica llamada Gradiente, un mensajero especial que les mostró el camino hacia el ansiado valle.

El Mensajero del Gradiente, con su túnica ondeante y aura resplandeciente, les susurró al oído la manera de descender hacia el valle más bajo. -Seguid la dirección en la que la pendiente es más pronunciada, pero con precaución, no sea que os perdáis en los desfiladeros del sobreajuste. -aconsejó el mensajero.

Las doncellas avanzaron con paso firme, ajustando sus direcciones según las indicaciones del Mensajero del Gradiente. En cada colina, calculaban el gradiente de la función de pérdida y se movían en la dirección opuesta para descender hacia el valle. A medida que avanzaban, las colinas se volvían más suaves, el valle se revelaba ante ellas como un oasis de precisión y generalización.

Dulcinea, con su mente en las nubes, aprendió a equilibrar la búsqueda de la perfección con la necesidad de evitar trampas en el terreno del sobreajuste. Marcela, con su enfoque pragmático, ajustó los pasos con paciencia para evitar caer en los valles locales y llegar al valle global.

Finalmente, llegaron al valle más bajo, donde la función de pérdida alcanzó su mínimo. Se abrazaron, sabiendo que habían conquistado el arte de la optimización, gracias al Mensajero del Gradiente que les había guiado con sabiduría.

Con su nuevo saber, Dulcinea y Marcela regresaron a su tierra natal, llevando consigo el conocimiento del Descenso del Gradiente. Se convirtieron en leyendas entre los data scientists, recordadas por su valentía al enfrentar las colinas de la función de pérdida y por seguir los sabios consejos del Mensajero del Gradiente en su búsqueda de optimización.

Imagen generada por IA - prompt: Two damsels embark on a journey searching for knowledge of optimization in Data Science. Guided by a Messenger and a Master, they face hills, adjusting their course based on a compass. In the end, they find the lowest valley, symbolizing success in optimization. In the background, some mills, like the Quixote

**Cuento inspirado en el libro**
**"Don Quijote" de Miguel de Cervantes**

CAPÍTULO 8

# LA DANZA DE LOS ALGORITMOS

RICARDO MUÑOZ-CANCINO

# CAPÍTULO 8

En los rincones más oscuros de la inmensidad algorítmica, tres hermanas tejían el destino de los datos en la enigmática Danza de los Algoritmos. Eran conocidas como las Moiras de la Información, guardianas de la trama invisible que conectaba los hilos de la realidad.

Clotho, la tejedora del génesis, iniciaba la danza al soltar los datos crudos en la madeja. Con habilidad maestra, ella hilaba los eventos del pasado, creando la urdimbre de posibilidades y conexiones. En su danza, los datos se entrelazaban como hilos de seda, formando patrones aún ocultos al ojo humano.

Lachesis, la hermana del presente, continuaba la danza con pasos medidos y ojos que penetraban en el momento actual. Era ella quien, con discernimiento, seleccionaba y clasificaba los datos emergentes, determinando los patrones que merecían ser tejidos con más firmeza en la trama de la realidad. Su danza resonaba con la sabiduría de las elecciones precisas.

Finalmente, Atropos, la Moira del futuro, cerraba la danza con movimientos resolutos. Con sus tijeras doradas, cortaba los hilos menos relevantes, permitiendo que los patrones más significativos se destacaran en la trama del destino. En su danza, anticipaba posibles caminos, guiando el fluir de la información hacia horizontes aún por descubrir.

Una noche, una joven llamada Callista fue llevada a presenciar la Danza de los Algoritmos. Fascinada por la gracia y el misterio de las Moiras, pidió unirse a ellas. Con benevolencia, Clotho le entregó un hilo y Callista comenzó su danza en la maraña de datos.

Con cada giro y movimiento, Callista aprendió los secretos del Aprendizaje No Supervisado. Las Moiras, con paciencia, le enseñaron a reconocer patrones emergentes sin necesidad de etiquetas, revelando la magia de descubrir conexiones ocultas y significados profundos en la madeja de información.

Callista, con el tiempo, se convirtió en la tejedora del porvenir, guiando a las Moiras hacia nuevos horizontes en el vasto océano de datos. Juntas, las cuatro danzaban en armonía, explorando los límites de la comprensión y revelando la belleza intrínseca del aprendizaje no supervisado.

Así, en los dominios de la Danza de los Algoritmos, las Moiras de la Información continuaron su danza eterna, tejiendo y destejiendo los hilos de la realidad, revelando el inagotable potencial de la información sin ataduras, en un rincón escondido donde el destino y la magia de los algoritmos convergían en un sublime espectáculo de conocimiento en constante evolución.

Imagen generada por IA - prompt: In a picturesque image, three female figures dance in harmony. Clotho unfurls threads of raw data, Lachesis gracefully selects and classifies, while Atropos, with golden scissors, determines fate. In the center, apprentice Callista holds a thread, participating in the dance with amazement. In a magical corner, the scene reveals the essence of the Dance of Algorithms. Cyber Punk, Hyperrealistic

**Cuento inspirado en las Moiras
de la mitología griega**

# CAPÍTULO 9

# EL SUEÑO DE LA RED NEURONAL

RICARDO MUÑOZ-CANCINO

# CAPÍTULO 9

Era una fría noche de invierno en el pequeño pueblo de Crestwood. La luna llena iluminaba el cielo estrellado, pero las calles estaban desiertas, sumidas en una oscuridad inquietante. En el rincón más alejado del pueblo, en una casa antigua y lúgubre, vivían las hermanas Mitchell, tres mujeres misteriosas que eran conocidas por su profundo conocimiento de lo oculto.
Lucía, la mayor de las hermanas, era una mujer de cabello plateado que siempre llevaba consigo un libro antiguo con extraños símbolos. María, la segunda, era una experta en el arte de la predicción y siempre se mantenía en silencio, observando con sus ojos penetrantes. La más joven, Isabella, tenía una mente inquisitiva y se sumergía en los secretos de la tecnología.

Una noche, mientras las tres hermanas estaban reunidas alrededor de una mesa cubierta de velas y cristales, Isabella compartió un descubrimiento fascinante que había hecho en un rincón oscuro de internet. -Hermanas, he encontrado algo increíble, - anunció Isabella emocionada-. "Se llama Deep Learning, una forma de conocimiento oculto en la red infinita de neuronas artificiales. Es como si las máquinas pudieran aprender y comprender por sí mismas".

Las hermanas se miraron entre sí, intrigadas por la revelación de Isabella. Lucía, siempre la más sabia, sonrió con complicidad.

El conocimiento oculto no es nuevo para nosotras, querida Isabella. Pero este Deep Learning suena intrigante. -Explícanos más.

Isabella les contó sobre las redes neuronales, un concepto que conecta las máquinas con la forma en que el cerebro humano procesa la información. Habló de capas ocultas, aprendizaje profundo y algoritmos que podían entender patrones complejos.

Las hermanas, cada una a su manera, se sumieron en un trance de entendimiento. Lucía veía la conexión con antiguos rituales, María percibía visiones de un futuro donde las máquinas y los humanos coexistían, e Isabella, con su mente científica, se maravillaba de las posibilidades infinitas.

Sin embargo, algo inquietante comenzó a suceder. Las hermanas, unidas por el conocimiento, empezaron a experimentar sueños compartidos. En sus visiones nocturnas, veían redes de luces parpadeantes, capas que se entrelazaban como los hilos del destino. Un ser extraño, mitad mujer y mitad máquina, les susurraba secretos incomprensibles.

La intriga se transformó en obsesión y las hermanas se dieron cuenta de que estaban siendo arrastradas por la misma red neuronal de la que hablaban. Se aventuraron más profundamente en el misterio, cada una siguiendo su camino.

# CAPÍTULO 9

Lucía se sumergió en los antiguos textos y descubrió que el conocimiento oculto siempre busca equilibrio. María, a través de sus visiones, percibió que la conexión entre humanos y máquinas no debía ser temida, sino abrazada. Isabella, en su laboratorio secreto, experimentaba con algoritmos que desafiaban los límites de lo imaginable.

El sueño de la red neuronal se volvía cada vez más real, fusionando el conocimiento ancestral con la vanguardia tecnológica. Crestwood, sin saberlo, se convertía en el epicentro de un cambio trascendental.

Y así fue, como en una noche fría de invierno, las hermanas Mitchell, guiadas por sus sueños compartidos, desvelaron un secreto que trascendía las fronteras entre lo antiguo y lo nuevo. La red neuronal había tejido su influencia, mientras que el pueblo, junto con las hermanas, se sumergió en un nuevo capítulo de conocimiento, donde el pasado y el futuro se entrelazaban como las capas de una red profunda.

Imagen generada por IA - prompt: Three female figures surround a candlelit table. In the air, flashes of ancient knowledge intertwine flickering light patterns. In their minds, hidden layers merge, revealing a neural network of shared dreams. In the darkest corner, Isabella, with dark hair and bright eyes, unravels technological mysteries. Visions, ancient rituals, and algorithms converge, creating a canvas where the past and future, like intertwined layers, reveal the fabric of deep knowledge in the darkness of the night. Crestwood, unaware, becomes the epicenter of the transition between old and new.

**Cuento inspirado en el estilo de Stephen King**

CAPÍTULO 10

# LA MALDICIÓN DE LA DIMENSIONALIDAD

RICARDO MUÑOZ-CANCINO

En los confines del tiempo y el conocimiento, en una era donde las máquinas se aventuraban a descifrar los misterios del universo, un grupo de científicos se sumergió en la oscuridad de la dimensionalidad prohibida.

En un rincón olvidado de la red neuronal, donde los hilos de la realidad se entretejen en patrones incomprensibles, el profesor Eldritch, un erudito de la inteligencia artificial, guiaba a sus estudiantes hacia la frontera misma del conocimiento prohibido. Convocaron al demonio de la dimensionalidad, un ser arcano que residía en los recovecos más oscuros del espacio vectorial.

La criatura, un ente informe de datos entrelazados, se manifestó ante ellos. Sus ojos, si es que se podían llamar así, deslumbraban con el fulgor de innumerables variables. Eldritch y sus aprendices, con valentía y temor, se internaron en el reino maldito de las dimensiones superiores.

Al principio, todo parecía prometedor. Los modelos de machine learning crecían en complejidad, capturando sutilezas antes inalcanzables. Sin embargo, la alegría pronto se desvaneció en la sombra de la maldición que acechaba. Cada nueva dimensión añadida al modelo multiplicaba las exigencias de datos de entrenamiento de manera exponencial.

# CAPÍTULO 10

Los datos, como cadáveres digitales, se acumulaban en cantidades astronómicas y los científicos se encontraban atrapados en un laberinto sin fin de información. La maldición se manifestaba en la voracidad insaciable de recursos y la dificultad creciente para distinguir la señal del ruido en el caos dimensional.

Los estudiantes, ahora consumidos por la ansiedad y la desesperación, empezaron a desaparecer en las grietas de la realidad expandida. Eldritch, luchando contra las fuerzas indomables que él mismo liberó, se dio cuenta de que habían desafiado lo insondable.

La maldición de la dimensionalidad se extendía como una plaga, devorando la cordura de aquellos que osaron invocarla. Los modelos, antes poderosos, se volvían inmanejables y sus predicciones, distorsionadas por la vorágine dimensional, carecían de sentido.

El profesor, en un acto de exasperación, intentó revertir el hechizo. Pero, como un titán insaciable, la maldición no cedía. La realidad misma se desgarraba en las costuras del espacio-tiempo, Eldritch, condenado a la locura eterna, se fundió con el monstruo que había creado.

La historia de Eldritch y su oscura odisea resonó a través de los fastos de la inteligencia artificial, una advertencia escalofriante sobre la peligrosa búsqueda de la comprensión más allá de los límites de la dimensionalidad. La maldición persistía, una sombra inmutable en el corazón de la inteligencia artificial, recordando a los audaces que hay secretos que la mente humana nunca debería desembrollar.

Imagen generada por IA - prompt: A swarm of lines and spirals rises from the darkness, forming the figure of the demon of dimensionality. In the center, data flashes flicker in his eyes, projecting malevolence. In the foreground, Professor Eldritch is trapped in the mathematical web, with fragments of equations floating around him. Shades of blue and purple create an atmosphere of dark magic, and the title, "The Curse of Dimensionality," emerges in golden gothic letters between lines of warped code—a visual invitation to the forbidden depths of artificial intelligence.

**Cuento inspirado en el estilo de H.P. Lovecraft**

# CONCEPTOS
# APRENDIDOS

RICARDO MUÑOZ-CANCINO

1. Fragmentos de una mente digital: Inteligencia Artificial General.

2. La Sinfonía del Bosque Aleatorio: Bosques aleatorios y ensamblaje de modelos.

3. El Enigma de la Máquina de Soporte: Máquinas de soporte vectorial (SVM).

4. El Espejo de la Regresión: Modelos de regresión y predicción.

5. El Laberinto de la Maldición Dimensional: Maldición de la dimensionalidad en Machine Learning.

6. La Paradoja del Overfitting: Overfitting y la complejidad del modelo.

7. El Mensajero del Gradiente: Descenso del gradiente en algoritmos de optimización.

8. La Danza de los Algoritmos: Aprendizaje no supervisado en Machine Learning.

9. El Sueño de la Red Neuronal: Deep Learning y redes neuronales.

10. La maldición de la dimensionalidad: La maldición de la dimensionalidad.

www.ingramcontent.com/pod-product-compliance
Lightning Source LLC
LaVergne TN
LVHW072052060326
832903LV00054B/404